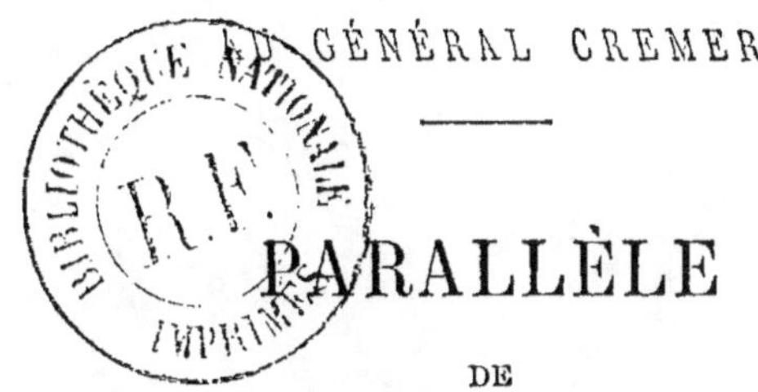

GÉNÉRAL CREMER

PARALLÈLE

DE

LA DÉFENSE

SUR LA LOIRE ET A PARIS

PAR

ÉD. LEDEUIL

Lieutenant-colonel aux francs-tireurs de *Paris-Châteaudun*

PARIS

ANDRÉ SAGNIER, ÉDITEUR

7, carrefour de l'Odéon, 7

1871

PARIS. — Imprimerie ÉMILE VOITELAIN et Cⁱᵉ

61, rue Jean-Jacques-Rousseau, 61

AU GÉNÉRAL CREMER

MON AMI,

Toi qui as fait ton devoir de Français et de général, tu dois estimer Gambetta et Chanzy.

Permets-moi donc de te dédier ces quelques pages où j'ai essayé de les montrer dans la vérité de leur rôle en province.

Pour moi, je tiendrais à l'égal d'une trahison envers la patric qu'on fût ingrat envers eux et qu'ils ne prissent pas les premières places dans le conseil qui doit décider des destinées du pays.

Tout le monde parle de la confiance à faire renaître..... et la confiance ne renaît pas.

As-tu vu, par les journées de chaleur étouffante, les foules respirant avec peine, lasses, abattues, pleines de fièvre et de malaise, appeler un orage bienfaisant qui rafraichisse la terre et fasse circuler un air nouveau ?.....

La France est dans cet état maladif.

Il lui faut un orage qui substitue aux hommes de qui lui vient son malaise ceux qui, par leur conduite passée, peuvent lui répondre de l'avenir.

Cet avenir est au prix aujourd'hui de la fermeté, de la décision, de la netteté de vues qui sont le propre des âmes droites et des esprits élevés.

Tels se sont montrés Gambetta, Chanzy, Faidherbe, Clinchant, Jauréguibery, Billot, Denfert, et toi, dans la suprême crise que la France vient de traverser.

Or, contrairement au paradoxe qui voudrait nous persuader que pour faire une bonne République la première condition est qu'il ne faut pas prendre de républicains, je pense qu'à la situation qui exige courage, intelligence, loyauté et patriotisme, il faut des hommes courageux, intelligents, loyaux et patriotes.

A toi.

ÉDOUARD LEDEUIL.

Paris, 15 juin 1871.

PARALLÈLE

DE

LA DÉFENSE

SUR LA LOIRE ET A PARIS

Le prince de Joinville a écrit :

« ..... *Je viens de lire que les bourgeois de Weissembourg ont tiré sur l'ennemi pendant le combat. Les braves gens !* SI TOUT LE MONDE FAIT DE MÊME, *si l'on réussit à mettre Paris en état de défense, si enfin notre armée trouve un chef pour la diriger, les efforts des Allemands viendront s'épuiser au centre de la France, et ils y trouveront leur Borodino ; rien n'est perdu, et je rêve encore* UN GRAND MOUVEMENT NATIONAL, PAR LEQUEL LA FRANCE REJETTERA L'ENNEMI DE SON SEIN. »
— (Bruxelles, 10 août 1870.)

« ..... *Le seul effort véritable de la province a été fait par l'armée de la Loire,* CRÉATION LABORIEUSE DU GOUVERNEMENT.

« ..... *L'armée de la Loire, quoique partagée en deux par le désastre d'Orléans, se bat encore admirablement ; et si on voulait, si on savait (car les moyens, sauf l'artillerie, ne manquent pas),* ON POURRAIT TUER TANT DE MONDE AUX PRUSSIENS, *que je reprendrais con-*

fiance ; mais pas d'initiative. » — (Caen, 10 décembre 1870.)

Tout le monde n'a pas fait comme les braves gens de Weissembourg.

Un homme a eu l'initiative du grand mouvement national, mais sans succès.

L'armée de la Loire, l'armée du Nord, l'armée de l'Est, l'armée des Vosges ont tué nombre de Prussiens, mais Paris n'a pas été mis en état de défense.

Nous sommes vaincus.

Le moment est venu de supporter les charges et la responsabilité de notre défaite.

Que dit M. Thiers, du haut de la tribune de Versailles, dans une séance solennelle où le monde entier prête l'oreille au chef du pouvoir exécutif de la République française ? M. Thiers dit :

« ..... *Oui, le 4 Septembre a fait des fautes. Quelles ont été ces fautes? Les hommes qui ont fait cette révolution ont* EU LE TORT DE PROLONGER LA GUERRE AU DELA DES INTÉRÊTS DU PAYS ; *mais remarquez bien que ceux qui se défendaient dans Paris n'avaient qu'un rôle :* C'ÉTAIT DE S'Y MAINTENIR, *comme doivent faire tous les défenseurs d'une place forte. Paris ne pouvait juger de la politique extérieure.*

« *La faute qui a été commise l'a été en dehors de Paris.* CEUX-LA QUI ONT PROLONGÉ LA DÉFENSE AU DELA DE TOUTE RAISON, CEUX-LA QUI ONT EMPLOYÉ LES MOYENS LES PLUS MAL COMBINÉS, VOILA LES COUPABLES. *Nous étions tous révoltés de cette politique de fous furieux qui ne voulaient même pas qu'il y eût d'Assemblée. Oui, cette* POLITIQUE ARROGANTE, INSOLENTE, INSENSÉE, *tendait à se substituer à la France. Voilà ce que j'ai déploré.*

« *M. Jules Simon a lutté avec un courage admirable contre des périls imminents. L'Assemblée, grâce à lui, a pu être élue ; elle a été convoquée et a pu se réunir. En arrivant, qu'avez-vous voulu ? Vous avez voulu arracher la France à ces* DESPOTES QUI VOULAIENT L'ASSERVIR. *Mais vous n'avez pas voulu, à Bordeaux, renverser la République ; vous ne vouliez que l'arracher à des mains* DE MAUVAIS RÉPUBLICAINS, *et non pas, je vous le répète, anéantir la République elle-même. Nous n'avons eu alors d'autre but que de* REFAIRE L'ARMÉE, *que de réorganiser le pays, que de faire renaître le crédit. Il ne faut pas oublier ce passé.* »

Ainsi, *despotes, mauvais républicains, fous furieux,* appelle M. Thiers ceux qui ont tressailli à la grande voix de France criant aux armes contre l'étranger, ceux qui ont préféré mourir sur les ruines fumantes de leurs maisons plutôt que d'ouvrir à l'ennemi les portes de la patrie.

Braves gens ! les nomme, au contraire, M. le prince de Joinville.

Autour de ces deux opinions, l'une approuvant la résistance, acclamant dans les efforts désespérés de nos armées la participation des villes et des campagnes ; l'autre tenant ces suprêmes résolutions pour faute, folie et crime, gravitaient deux groupes bien caractérisés pendant l'invasion déjà. Ils se représentent aujourd'hui, chacun avec son idée et ses arguments.

Aussi n'est-il pas sans importance que les hommes témoins des opérations militaires en province, des actes politiques de la délégation de Tours, de la désorganisation de tous les services à l'arrivée de Gambetta et du mauvais vouloir contre lequel il échoua dans la *création laborieuse*, dont parle le prince de Joinville, expriment leur avis hautement et en toute sincérité.

L'Empire n'est plus.

N'est plus, en conséquence, le temps des criminelles hérésies en matière de raison et de dignité.

Le temps est aux paroles nettes, aux actes virils.

Faisons la lumière sur les événements de cette époque malheureuse de notre histoire où des gardiens de notre fortune et de notre honneur ont livré fortune et honneur à nos ennemis.

Éclairons la religion publique surprise! Ne laissons pas précipiter de la roche Tarpéienne, comme des brigands éhontés, les preux qu'elle avait d'abord montés au Capitole.

Place à la vérité !

* *

Et, avant tout débat, ouvrons le service en campagne au titre de la défense des places.

Il y est dit : « Dans toute place dont les troupes en-
« nemies s'approchent à moins de trois journées de
« marche, le commandant, sans attendre la déclara-
« tion de l'état de siége, ni les ordres du ministre de
« la guerre ou du commandant de l'armée, est revêtu
« de l'autorité nécessaire :

« 1° Pour faire sortir les bouches inutiles, les étran-
« gers et les gens notés par la police civile ou mili-
« taire ;

« 2º Pour faire rentrer dans la place ou pour empê-
« cher d'en sortir les ouvriers, les matériaux et autres
« moyens de travail, les bestiaux, les denrées et autres
« moyens de subsistances ;

« 3º Pour ajouter aux ouvrages tout ce qui peut ser-
« vir à prolonger la défense ;

« 4º Pour faire détruire, par la garnison ou par la
« garde nationale, tout ce qui peut, dans l'intérieur
« de la place, gêner la circulation de l'artillerie et des
« troupes; tout ce qui peut, à l'extérieur, offrir quel-
« que couvert à l'ennemi et abréger ses travaux d'ap-
« proche.

« En cas de siége, l'autorité du commandant est
« absolue ; elle s'étend jusque sur l'administration
« intérieure des corps, sur les travaux et sur les divers
« services.

« Tout commandant doit considérer sa place comme
« pouvant être attaquée à l'improviste.

« En conséquence, il établit son plan de service et
« de défense suivant les hypothèses d'attaque les plus
« probables; il détermine, pour les principaux cas, les
« postes et les réserves, le mouvement des troupes,
« l'action et le concours de tous les corps et de tous les
« services.

« Il s'attache particulièrement à bien connaître la
« situation :

« 1º De l'intérieur de la place, des fortifications,
« bâtiments ou établissements militaires;

« 2º Du terrain extérieur, dans les rayons d'at-
« taque, d'investissement et d'activité;

« 3º De la garnison, de l'artillerie et des munitions
« et approvisionnements de toute espèce;

« 4º *De la population à nourrir en cas de siége, des*

« *hommes capables de porter les armes, des maîtres et*
« *compagnons ouvriers, etc.*

« *Le commandant défend successivement ses ou-*
« *vrages et ses postes extérieurs, ses dehors, sa con-*
« *tre-escarpe, son enceinte et ses derniers retranche-*
« *ments, etc.*

« *Les lois militaires condamnent à la peine de mort*
« *tout commandant qui livre sa place, sans avoir forcé*
« *l'assiégeant à passer par les travaux lents et succes-*
« *sifs des siéges, et avant d'avoir repoussé au moins*
« *un assaut au corps de la place sur des brèches prati-*
« *cables.*

« *Dans la capitulation, le commandant ne se sépare*
« *jamais de ses officiers ni de ses troupes; il partage*
« *le sort de la garnison après comme pendant le siége;*
« il ne s'occupe que d'améliorer la situation du soldat,
« des malades et des blessés, pour lesquels seuls il
« stipule toutes les clauses d'exception et de faveur
« qu'il lui est possible d'obtenir.

« *Tout commandant qui a perdu une place est tenu*
« *de se justifier devant un conseil d'enquête.* »
Telle est la loi militaire.

Il faut s'en bien pénétrer pour connaître, en cons-
cience, de la conduite de chacun.

. .

Il faut ne plus laisser de doute non plus sur ces deux
points :

Le premier, que la guerre devait se terminer à Sedan
ou se continuer à outrance; que le gouvernement de
Paris n'ayant pas traité de la paix au 4 septembre, c'est
à lui qu'incombe la responsabilité de la faute, si

M. Thiers maintient qu'il y a eu faute à prolonger la guerre.

Le second, que si le gouvernement de Tours n'a pas cru devoir laisser convoquer l'Assemblée de février, il a agi sagement, le moment étant mal venu à des élections qui ne pouvaient que jeter le désordre dans les affaires du pays. Que ceux qui étaient en province alors disent s'il était facile de réunir les électeurs, de discuter le mérite des candidats ; s'il n'était pas dangereux d'enlever la direction aux mains puissantes qui secouaient la nation engourdie dans une dégradante somnolence pour la confier à des adversaires dont la paix à tout prix était le mot de ralliement ?

La chambre de Versailles elle-même n'a-t-elle pas prouvé, durant l'insurrection de Paris, qu'il est des situations où l'on doit, par l'ajournement des comices, éviter d'augmenter le trouble des esprits et les agitations de la rue et du foyer ? N'a-t-elle pas refusé qu'on pourvût aux places vacantes, tant que les partis ne seraient pas désarmés ?

Aujourd'hui encore, cette chambre ne détient-elle pas, contre les conditions expresses de son installation, un pouvoir qui, loin de faire renaître la confiance et l'ordre, aggrave chaque jour la situation politique, économique, militaire, commerciale et financière ?

La paix conclue, cette chambre devait résigner son mandat.

Quelle est son autorité pour parler légalité, quand, elle-même, elle viole la loi qui l'a instituée ? pour parler avenir, quand elle n'est faite que de ruines ? pour parler abnégation, dévouement et justice, quand en repoussant un nouveau scrutin, elle donne l'exemple du plus déplorable égoïsme et d'une odieuse usurpation ?

Quoi ! dit-elle, elle est la représentation la plus pure qu'il y ait eue encore des vœux du pays ? Combien affirment le contraire !

Et, en effet, de qui émane-t-elle ?

Les électeurs étaient à cent lieues, deux cents lieues de leurs départements, devant, la veille, voter pour les candidats de leurs localités et, sur l'observation qu'ils n'en avaient pas la liste, devant, le lendemain, opter entre les divers candidats du département où ils étaient en armes.

Des premiers ils ignoraient les noms; des seconds ils ignoraient les mérites.

D'où la plus profonde indifférence de la majorité du pays ! D'où des députés nommés par 3,000 voix, là où il en faut obtenir 30,000 en temps ordinaire.....

Mais revenons au passé.

Les faits précédents acquis et incontestés, à qui faire remonter la cause de nos désastres? — A l'Empire. — Sans doute. — Mais après Sedan?

Il est regrettable que ce soit un Napoléon qui réponde :

« *Pour défendre Paris*, dit-il, *vous vous borniez à proclamer des succès fictifs. Vous n'avez pas utilisé ces éléments terribles, mais vigoureux, que vous aviez déchaînés et qui ont tenu les soldats de la France en échec pendant deux mois; et cependant c'étaient les mêmes hommes, égarés depuis par le vertige démagogique, chez lesquels vous pouviez surexciter* LA PASSION PATRIOTIQUE; C'ÉTAIENT LA MÊME GARDE NATIONALE, LES MÊMES CANONS, LES MÊMES FUSILS, LES MÊMES FORTS, LES

MÊMES REMPARTS, LES MÊMES BARRICADES, TOUTES CES FORCES QUI SONT RESTÉES PARALYSÉES ENTRE VOS MAINS DÉBILES ET QUI EUSSENT ÉTÉ SUBLIMES CONTRE L'É- TRANGER. » — (Lettre du prince Napoléon à J. Favre. Londres, mai 1871.)

Oui, la faute de nos revers en est à vous, gouvernement de Paris, car Paris agissant, c'était, même sans victoire décisive remportée, le triomphe des armées de province que les Prussiens ont accablées tour à tour. Profitant de l'immobilisation des forces vives de la capitale, alors qu'il fallait et qu'elles voulaient détendre tous leurs ressorts contre l'ennemi, Bismarck prenait 10,000, 20,000, 50,000, jusqu'à 100,000 hommes de son armée d'investissement, et les lançait, à toute vapeur, au secours des colonnes déjà aux prises avec nous, augmentant leur puissance de toute l'énergie que donne un renfort annoncé aux troupes et exact au rendez-vous, rendant enfin le choc de cette masse enthousiasmée irrésistible.

La preuve en est que, partout, les deux premiers jours de nos grandes batailles, la victoire est à nous. Mais après une armée battue, après les réserves entamées, surgissent soudain, aux yeux de nos *volontaires*, d'autres corps et d'autres réserves qui triomphent alors de leur fatigue et de leur petit nombre.

Car beaucoup étaient *volontaires*, sans connaissance quelques jours avant du maniement de leur arme terrible. Le gouvernement de Paris savait que nos régiments étaient ainsi composés; il savait qu'il fallait du temps pour organiser, instruire, former, discipliner ces jeunes gens si beaux de leur élan patriotique. Ce temps, c'était à lui à nous le donner en inquiétant sans cesse les troupes d'investissement, comme avec ce que la province comptait de vieilles troupes et de partisans elle empêchait les Prussiens de venir grossir le nombre des assiégeants.

C'était son rôle, c'était son devoir; devoir prescrit par les premiers articles du rudiment sur la défense des places fortes; devoir pressenti par le bon sens public; devoir conseillé par des hommes de guerre éminents; devoir tellement empreint dans l'âme de nos soldats, que nos marins se cramponnent aux forts qu'on a livrés et pleurent de honte et de rage de les rendre sans les avoir défendus; devoir, enfin, qu'une raison, obscure encore, a empêché le gouvernement d'accomplir.

Raison politique, car de défense il n'y en a pas eu.

M. le général Trochu repousse lui-même l'accusation d'incapacité. Et, en effet, la défense d'une place comme Paris, avec une garnison double du nombre des assiégeants, des forts, des bois, des chemins de fer, un cours d'eau, des plateaux et des remparts comme ceux qui forment la ceinture de notre capitale trop éprouvée, est élémentaire. Poudre, fusils, canons, vivres, argent, bras et cœur de la population, tout était à sa disposition, à sa discrétion, pour l'affranchissement du pays. Le général n'avait même pas à prendre de résolution subite; le temps était à lui, le temps, cette machine de force des batailles.

Serait-ce donc l'espérance secrète de restauration impériale qui aurait poussé le général à paralyser les moyens de défense ? Y a-t-il eu entente entre l'impératrice, Palikao, Bazaine et Trochu ?

Pour en parler avec plus de circonspection, je laisserai la parole à un homme grave, que MM. Favre et Picard ont dû avoir en haute considération, mais dont ils ont trop peu écouté, hélas! les sages avis; c'est M. le colonel comte de Meffray.

Il dit : « *J'ai questionné les nombreux rentrants à Paris ;* TOUS ASSURENT *que nous avons conservé Montretout, Fouilleuse, et que nous sommes maîtres de la Bergerie. Le général Trochu dit le contraire dans sa dépêche 9 h. 30 du matin (la dernière dont il nous honore). Il déclare* TOUT PERDU; *nous n'avons, suivant sa coutume, qu'à humblement demander aux Allemands de vouloir bien nous accorder un armistice.*

« *A son incapacité vient-il se joindre de la folie? Car l'honorabilité de son caractère ne me permet pas de* SUPPOSER UNE TRAHISON, ET POURTANT!!!

« ..... *Ne lui laissez pas faire comme sur la Marne, comme à Avron.* » — (*Les Fautes de la Défense de Paris.* Lettre à M. E. Picard, 20 janvier 1871.)

Ce qui ouvre le champ aux suppositions du public, en effet, est le contraste singulier entre les proclamations si énergiques du général et sa conduite de temporisation. Il semble avoir voulu s'emparer de la confiance publique pour favoriser quelque négociation secrète entre Napoléon et Guillaume; il semble avoir servi de jouet à Bismarck, qui, soudain, repousse toutes les avances, soit que sa résolution ait été de duper tout le monde pour anéantir la France sans résistance, soit que, devant l'attitude des populations, il ait eu peur d'un soulèvement national qui aurait compromis le succès de son œuvre.

Le général Trochu, pris au piége avec Bazaine, veut combattre alors. Il est tard, mais on peut tout réparer. Les hauteurs sont aux mains des Prussiens; mais que d'entrain, que de dévouement partout, et chez tous! Allons, de la confiance dans ce peuple admirable qui n'a qu'une pensée, qui ne fait plus qu'un corps prêt à tout sacrifier pour délivrer le pays ! A vous d'organiser et de conduire cette milice sacrée.

Mais non , le général Trochu tombe de Charybde en Scylla.

Le gouvernement du 4 septembre intervient avec des terreurs puériles et malsaines. Cette garde nationale triomphante, ce serait la République assurée, ce serait la France rendue à elle-même, la Révolution reprenant sa marche dans le monde. M. Favre fait apparaître le spectre rouge aux yeux effarés du général... et le général, suivant la parole de M. Thiers, oublie qu'il a promis de ne pas capituler ; il se contente de se maintenir... jusqu'à épuisement des vivres , qu'il n'a pas rationnés, et qui manquent soudain.

Eh bien ! il n'est pas de loi spéciale à invoquer en faveur de M. le général Trochu et pour Paris. Outre le précédent déplorable qu'on constituerait dans l'application des lois militaires, on ne pourrait qu'aggraver la situation du général dont M. le colonel comte de Meffray a pu dire : « *C'est son incapacité militaire qui a été la seule et véritable ligne d'investissement... En effet, il est de science vulgaire de savoir qu'une armée assiégeante, pour venir à bout d'une place assiégée (qui ne serait pas secourue par une armée d'opération), doit être au moins trois fois plus nombreuse que les défenseurs de la place assiégée, et cette proportion doit être augmentée en raison directe de l'importance, de l'étendue de la place assiégée et du nombre plus considérable de ses défenseurs ; de telle sorte que, pour assiéger Paris, il eût fallu au moins* DOUZE CENT MILLE HOMMES. »

Toute la responsabilité tombe donc sur M. le général Trochu.

Le gouvernement de Paris a été son complice. Ensemble ils ont conjuré la perte de la France, plutôt que de lâcher un pouvoir qui était venu les surprendre, dormant d'un lourd sommeil de vingt ans.

Ce gouvernement a été criminel, si Trochu n'a été qu'incapable ; car chaque jour, à chaque heure, c'étaient de toutes parts et de tous personnages des adresses démontrant les fautes du gouverneur. C'était à eux à briser cette dictature, trop vraie, hélas! celle-là! et à imposer au général un *Conseil de défense*.

Que M. Thiers veuille bien entendre cet homme respectable que j'ai déjà cité. M. le colonel comte de Meffray est à la fois énergique et grave, et sa tête, qui ne se courbait, avant la reddition de Paris, que sous le poids des ans, penche aujourd'hui sous le poids des malheurs de la France.

Il n'aime pas la multitude, qu'il appelle « la multiple et horrible tyrannie des égouts de Belleville. » Il aime son pays ; il l'aime, comme tous nous devons l'aimer aujourd'hui, assez pour nous écrier avec lui : « *Soyons ou ne soyons pas républicains, mais travaillons à nous relever promptement. Tout pour la France !* »

Il dit ailleurs : « *Ces fautes, soyons francs avec nous-mêmes, c'est nous qui en sommes les véritables auteurs. Nous avions entre les mains* TOUT *ce qu'il fallait pour nous sauver.* PARIS DONNAIT UN SI REMARQUABLE EXEMPLE D'ABNÉGATION, DE DÉVOUEMENT, DE PATRIOTISME ET D'ÉNERGIE.

« *Tout cela est devenu inutile, tous nos efforts sont restés stériles* (DANS LA CRAINTE DU SPECTRE ROUGE). »

Il faudrait citer tout entier ce remarquable recueil de

2

lettres, de notes et de rapports aux membres de la Défense nationale.

La lecture en est déchirante ; mais il n'est plus possible de douter : « Ce gouvernement a trahi la patrie. »

Oui, il a trahi, dès que, dans cette guerre nationale, il y a eu place dans ses conseils pour la moindre préoccupation politique. Il s'agissait bien de former un gouvernement, d'hommes ou de partis ! IL NE FALLAIT QUE DES FRANÇAIS, suivant la belle expression de *Chanzy*.

Et il n'y avait que des Français à Paris.

Le grand agitateur de l'Europe, l'âme de tous les mouvements politiques, Flourens, écrit : « ... *Que devait faire Flourens en présence d'une aussi triste révélation*? L'APPEL A L'ÉMEUTE? PERSONNE NE L'AURAIT SUIVI...

« *On aurait cru voir en eux des ambitieux avides de pouvoir, ne sachant pas s'effacer quand il le fallait et sacrifiant à leur désir de commander* L'UNION SI NÉCESSAIRE AU SALUT DE LA RÉPUBLIQUE. ON LES AURAIT LAISSÉS SEULS; ILS AURAIENT ÉCHOUÉ *et n'auraient triomphé que par la violence et n'auraient eu aucune force morale.....* » — (*Paris livré.*)

Quoi! voilà ce spectre rouge dont vous faites épouvantail pour excuser « *votre faiblesse civique, votre pusillanimité politique, votre mollesse?* » — (Colonel comte de Meffray.)

Allons! ce n'était vraiment qu'un *croquemitaine, un spectre fantastique*. — (Colonel comte de Meffray.)

∴

Un homme voit le péril réel de votre ambition, dissimulée sous un péril imaginaire de révolution démagogique.

Il part en ballon et tombe en province comme un libérateur.

C'est Gambetta !

Mais quel chaos ! quelle confusion ! Tout le monde commande, personne n'obéit. Que de maires, que de préfets, que de magistrats n'entendent prendre leur mot d'ordre que de celui qui a leur affection politique ! Et celui-là a leur affection qui ne force pas à la guerre, parce que la guerre trouble le repos et la digestion.

En vain les populations frémissent à son appel, comme au passage d'un courant électrique ; bientôt leur enthousiasme s'éteint sous les remontrances des vieux burgraves de l'Empire, de la légitimité et de l'Église.

Ne murmurez pas. Je sais ce que je dois de respect aux opinions et aux convictions. Et flétrir les créatures qui n'ont qu'une pensée, briller, et qui ne savent briller qu'en enlevant au trône de son or, à l'autel de sa pureté ; marquer au front les hypocrites et les traîtres, n'est pas la plus mauvaise manière de servir les princes et les prêtres.

Oui, une coupable réaction étale partout ses jeunes gens oisifs, ses hommes couvant une curée, ses journaux démoralisateurs. La lâcheté le dispute à l'ambition. Voilez vos fronts, ombres de nos pères ! des régiments même offrent ce scandale, inconnu jusqu'ici en France, de fuir sans avoir combattu.

Et Metz vient ajouter au fracas de cette débâcle le retentissement lugubre de sa reddition !...

Qu'est-ce que ce travail de désagrégation en un instant où la France, comme une cavale effarouchée qui va bondir, devrait se rassembler sur ses jarrets et sur son poitrail ? Qui en est l'auteur mystérieux ?

Mais vous n'entendez donc pas, perfides et cruels, que la conduite de vos rois crie contre vous !

Où sont-ils ? — A la guerre. — Comment ? — Obscurs. — Qu'y font-ils ? — Ils se distinguent.

Marchez sur leurs pas quand ils vont à l'honneur et au péril ! N'êtes-vous bons qu'aux escortes d'antichambre ? Voyez-les frémir dans leur âme des défaites de nos armes ! Voyez-les prêter leurs bras à la délivrance de la patrie ! Entendez leurs coups dans la bataille ! Entendez leurs voix dans les foyers !

« ... *Les bourgeois de Weissembourg ont tiré sur l'ennemi pendant le combat. Les braves gens! si tout le monde fait de même...* »

Allons! faites comme tout le monde et comme vos princes, si vous n'êtes pas des bâtards dégénérés du sang qui perdit tout un jour, *fors l'honneur!*

Prenez part au *mouvement national* que rêve votre prince! *Tuez des Prussiens!*

Et quand un homme a *l'initiative* qui doit remettre la France sur son piédestal, poussez aux cordes et ne les coupez pas.

Gambetta se lève, en effet.

Il n'en sera plus ainsi, dit-il.

Et dans les villes, et dans les camps, il apparaît.

Ordre est donné aux maires, aux préfets de prêter leur concours à l'armée; ordre est donné aux généraux de se battre.

Civry, Varize, viennent de montrer ce que peut la garde nationale; *Châteaudun* (1), ce que peuvent les vo-

____

(1) Voir *Châteaudun,* journée du 18 octobre 1870. (André Sagnier, éditeur.)

lontaires. Une armée prussienne a été arrêtée un mois par des paysans n'ayant que des fusils rouillés pour armes et leurs toits de chaume pour redoutes et par des francs-tireurs accourus des quatre coins de la France, de Paris, de Nantes, de Cannes, hier la risée des impérialistes français, aujourd'hui la terreur des impérialistes allemands.

Voyez la *Beauce* encore fumante, dit Gambetta, aux villes, aux villages, aux bourgs : suivez son exemple, et la France est sauvée !

Rappelez-vous *Coulmiers*, dit-il aux troupes! Rappelez-vous, soldats et mobiles, que vous fûtes côte à côte dans cette heureuse journée.

Courage! Et en avant!

Et sous cette impulsion, on se bat à Orléans. La victoire est à nous le premier jour, le second jour. L'effort est sur la droite. Quoi! le canon si lointain, il y a quelques heures à peine, se rapproche! Qu'est-ce? Deux corps d'armée non entamés qui battent en retraite sur Saint-Péravy, au lieu de se porter sur Orléans où l'aile droite plie ?

Couvrez d'un crêpe le visage de la Pucelle; pour la seconde fois, Orléans est aux mains prussiennes.

Est-ce la fatalité? Est-ce la trahison? Est-ce l'ineptie?

Que sont ces bruits qui courent que les pièces de marine n'ont pas tiré dix coups chacune? Qu'est-ce que cette déroute? Qui a crié sauve qui peut? Généraux, où sont vos aides de camp? Quoi! des colonels qui ont perdu leurs régiments et des soldats qui s'enfuient jusqu'à Marseille.....

.·.

Epouvantable cataclysme de toutes les vertus de la France!

.·.

Comment en aurait-il pu être autrement ?

A Gambetta, ministre de la guerre, qui donne ordre à d'Aurelles de Paladine, général, de défendre Orléans, d'*Aurelles* répond qu'il ne croit pas devoir défendre Orléans. — Ne défendez donc pas Orléans, répond Gambetta.—J'ai changé d'avis, et je défends Orléans, télégraphie d'Aurelles. — Eh bien défendez! télégraphie Gambetta.

Comment, avec un exemple semblable d'indiscipline de la part des chefs, d'indiscipline, d'irrésolution et de chicane tracassière; comment espérer la soumission, l'élan, la confiance des officiers et des soldats?

Aussi se bat-on sans se soucier plus des opérations d'ensemble que s'il n'y avait pas de général et sans plus de commandement que s'il n'y avait pas d'officiers.

Aussi la peur gagne-t-elle les villes et la démoralisation nos armées.

Un uhlan prendra seul une cité; et dix uhlans, dix canons.

A qui dira que Gambetta est cause de ce mal, je répondrai : « Des émissaires ont été vus et entendus, engageant nos soldats à ne pas se battre et portant le découragement avec le déshonneur dans leurs rangs...» et je demanderai : « connaissez-vous ces émis-saires? »

N'est-ce donc pas assez des ennemis du dehors contre toi, France aimée! Et Gambetta ne pourra-t-il venger tes affronts? relever ta gloire?

Non, il ne peut être à la fois la vapeur et la machine, le pilote et le matelot; il ne peut être la France, il n'est qu'un Français.

Son entourage, ses subordonnés ne comprennent pas les cris impétueux de sa grande âme, ou s'en rient, ou peu s'en soucient.

Que ne les change-t-il? Et le temps? Les Prussiens n'avancent-ils pas à marche forcée? Et les moyens? Les hommes capables, où sont-ils? Retirés et tremblants de tomber aux mains d'un sauvage ennemi comme otages, ou retirés encore et sourds aux accents de désespoir de l'automédon, ne voyant pas, les malheureux, que leur peur est criminelle et que le char qui va périr contient la fortune de la France.

Ne dites donc plus que le gouvernement de Tours a fait cette situation et que ses moyens ont été mal combinés.

Il a fait tout ce qui se pouvait avec les éléments à sa disposition, dans une crise aussi violente; il a fait mieux que vous, gouvernement de Paris, car vous avez étouffé ce qu'il a tenté de raviver: «le sentiment de l'indépendance nationale! »

La population de Paris et lui, et la France écrasait ou dispersait la Prusse à tous les vents.

C'est avec intention que je n'ai pas dit la population et *l'armée de Paris*, parce que *l'armée de la Loire* va surgir, impatiente et jalouse de montrer qu'elle a, elle aussi, les vieilles traditions de l'honneur et du dévouement qui furent en tout temps l'apanage du soldat français.

Dans la déroute d'Orléans, en effet, quelqu'un venait de se montrer..... le général Chanzy !

.·.

Chanzy, demeuré à l'arrière-garde sous les murs d'Orléans, Chanzy, l'*homme loyal* du prince de Joinville, le général modeste de l'armée de la Loire, l'âme de la patrie à présent, Chanzy qui s'écrie comme Jeanne d'Arc : « Dieu et la France ! » et qui ramasse cent mille hommes au milieu de cette foule de soldats traversant, affolés, dans la nuit qui augmente leurs terreurs, les villes, les villages, Orléans, Meung, Beaugency et Mer. Que pouvait-il ? Sauver l'honneur. Il l'a sauvé par cette retraite qui restera un prodige dans l'imagination de ceux qui ont vu avec quels débris, reformés à sa voix et reprenant corps dans sa main puissante, il a résisté huit jours aux coups formidables de la Prusse victorieuse.

.·.

A ce moment, un acte pouvait nous redonnner la supériorité des armes, un de ces coups de vigueur révolutionnaire où tout homme meurt qui connaît d'autres noms qu'*honneur et patrie !*

Gambetta n'a pas voulu le frapper. Déjà les appellations de dictateur, de tyran, de despote venaient à ses oreilles. Il préféra montrer que l'ambition n'était pas son conseil. Son patriotisme lui faisait toujours espérer que les cruautés prussiennes, que le râle de la France

secoueraient enfin le pays. Espoir déçu! Fatale immo-
bilité qui attendait pour se changer en un mouvement
de trombe ou de simoun, que la capitale soufîlât dans
l'air ce mot « sortie », ce mot « victoire ».

Cette supériorité des armes, Chanzy aussi sentait
qu'on pouvait la reprendre. Les Prussiens sont moins
redoutables qu'on les veut faire. C'est l'avis à peu près
unanime de ceux qui les ont combattus.

Que les municipalités se prennent de rage contre les
envahisseurs; que les factions arrêtent leurs agisse-
ments occultes; que les paysans, que les bourgeois sor-
tent de leurs demeures, les mains tendues vers nos soldats, leurs bouches leur disant : courage! et leurs
cœurs les accompagnant de leurs vœux! Que le sentiment du sacrifice donne au pays une de ces inspira-
tions soudaines qui sauvèrent l'Espagne, la Russie, le
Mexique... et Champagne, Lorraine, Alsace, vous ver-
rez bientôt sur vos clochers flotter le drapeau trico-
lore.

.
. .

Gambetta et Chanzy tentent ce suprême effort. Une
nouvelle armée se forme à l'appel du général. Quinze
jours ont suffi, car le nom désormais béni du soldat,
c'est le sien.

Dans un conseil, on convient de lancer Bourbaki
dans l'Est, diversion malheureusement trop tard con-
çue, et qui aurait dû être exécutée par d'Aurelles. Des
hommes nouveaux exaltent la passion patriotique des
provinces et des départements. Faidherbe agit au Nord,
Cremer dans l'Est, Garibaldi dans les Vosges. On sent
une volonté puissante concentrer toutes les forces; la

vie renaît, l'ordre succède à l'anarchie, la confiance revient sur les visages. Voici une armée encore sur la Loire ; voici un plan ; voici un général ; voici des milliers de chariots qui vont jeter l'abondance à nos femmes amaigries, à nos fils affamés.

Oui, *l'armée de la Loire* existe, et les Prussiens le vont éprouver.

La bataille du Mans s'engage.

Premier jour, succès ; deuxième jour, succès.

L'ennemi couvre le champ de bataille de ses morts et de ses blessés.

Ah ! si Grouchy venait, disait Napoléon à Waterloo ! Ah ! si Trochu sortait, disait Chanzy au Mans !...

Et, comme à Waterloo, des masses profondes apparaissent au loin... Et, comme à Waterloo, ce sont des Prussiens.

Trochu n'est pas sorti, et de Moltke a pris 100,000 hommes de troupes de Paris et les a jetés au secours de l'armée de Chartres écrasée.

Grouchy ! Trochu ! hommes dont la conduite reste enveloppée dans un mystère de deuil pour la France !

Faudra-t-il une seconde fois voir l'invasion triomphante ? Ah ! en 1815 nous avions l'Europe entière à combattre ; en 1871, nous ne sommes plus qu'en face de la Prusse ! Cette humiliation sera-t-elle le legs du neveu du grand homme ? et faudra-t-il que le pays soit démembré encore ? Vous qui criiez : A Berlin ! où êtes-vous ?

Dans la nuit du deuxième jour, des postes se sont effrayés. Des mobiles bretons ont livré l'accès de la ville aux 100,000 Prussiens de renfort qui sont là devant Chanzy, au lieu d'être aux prises avec Trochu.

Chanzy va-t-il céder ? va-t-il se rendre ? Chanzy se

bat. Ce n'est pas la retraite qu'il ordonne ; c'est la retraite qu'il défend jusqu'à ce qu'enfin, ne pouvant plus tenir, il recule pas à pas, sans cesse poursuivi, sans cesse se retournant plein de menace. Tel, le lion atteint, en rugissant, son refuge, et là, s'il faut mourir, meurt les ongles dans la chair du vainqueur en lambeaux ; tel, le général gagne Mayenne, ses bataillons massés autour de leur drapeau. Les hordes tudesques, ébranlées par tant de courage, n'osent plus s'en approcher. Comme un géant défendant l'approche des monts de Bretagne, elles le voient soudain se dresser et s'arrêtent, craignant de l'irriter.

Pendant ce temps, à Paris, que se passait-il ? Rien, rien.

Le 19, alors qu'il n'est plus temps, que Chanzy est battu par l'inaction de Trochu, que les troupes prussiennes ont pu être rappelées à Paris, Trochu consent à *Montretout*, c'est-à-dire à laisser la garde nationale prouver qu'elle était capable de remporter des victoires, et, la garde nationale victorieuse, à rendre inutile le dévouement, le courage et la mort des *Rochebrunes* et des *Coriolis*.

« Faites-moi donner les corps francs, je serai tué, mais Paris sera sauvé... » demandait aussi, en suppliant, le colonel comte de Meffray.

« ..... *Ici, nous devons être des boule-dogues ; nous ne devons, à aucun prix, lâcher le morceau...* » — (Colonel comte de Meffray.)

M. le général Trochu, lui, lâche tout, laissant l'armée et la garde nationale dans « *un état indescriptible de démoralisation et d'indiscipline, d'écœurement des officiers, de désaccord et de susceptibilité entre les généraux, même les meilleurs. »*

Et c'est M. le général Trochu qui « *de toutes ces immenses fautes, a commis la plus sérieuse dans ses conséquences, celle qu'il est le plus difficile de réparer et celle qui a fait qu'on a, pour des motifs que je ne veux ni qualifier ni indiquer, désorganisé, démembré l'armée du général Vinoy;...* » c'est M. le général Trochu qui traite « *en présomptueux et ambitieux autocrate* » l'armée de la Loire ! D'où lui vient ce superbe dédain... qu'il proclame n'avoir jamais eu l'intention de s'appuyer sur elle ?

Vous devenez inexplicable, général.

Pendant le siége, vous soutenez qu'une forteresse assiégée est destinée à tomber, si une armée de secours ne vient la délivrer. D'où il ne faut pas être grand logicien pour en déduire ces propositions :

Ou l'armée de secours est ou elle n'est pas.

1º Si l'armée de secours est, je dois favoriser son approche et subordonner mes mouvements aux siens, *puisque mon salut dépend d'elle.*

Alors, pourquoi vous tendant la main au Sud et à l'Ouest, vous en allez-vous, pour la prendre, passer par le Nord et par l'Est ?

2º Si l'armée de secours n'est pas, il faut aider à sa formation en attirant sur moi toute l'attention de l'ennemi, *puisque mon salut dépend d'elle.*

Alors, pourquoi demeurez-vous comme frappé d'inertie ?

Après le siége, reconnaissant combien votre principe « qu'une place assiégée doit tomber » est discutable en thèse générale et absolument faux, dans son

application particulière au siége de Paris (1870-71),
vous vous plaignez d'avoir été contrarié dans votre
plan. et contestez que vous ayez pu être aidé, puisque
l'armée de la Loire n'existait pas.

Pardon, général ! Depuis quand un plan doit-il être
nécessairement exécuté comme il a été conçu ? Combien
pourrait-on citer de cas où la chose ait eu lieu ? Le général ne doit-il pas s'attendre, au contraire, à voir ses
premiers desseins troublés, parfois tout à fait renver-
sés par les chances ou les événements multiples du
combat ? Ne doit-il pas avoir prévu ces péripéties ? Et
si un incident, impossible à prévoir, se produit, ne
doit-il pas avoir le talent d'y parer sur-le-champ ?

Pardon encore, général ! *L'armée de la Loire* existait,
et vous le saviez.

L'armée de la Loire a fait son devoir ; *l'armée de la
Loire*, presque toute de jeunes soldats et de volontaires,
est rentrée en armes, son général avec elle, et portant
sur ses baïonnettes, sinon les fleurs et les lauriers de
la victoire, au moins l'estime de ses ennemis et l'honneur du drapeau.

L'armée de Paris, « la forte, la puissante armée de
Paris, est restée inutile et immobile entre vos mains ; »
l'armée de Paris a dû rendre ses armes, son général
ayant, à l'heure du malheur, séparé sa fortune de celle
de ses soldats.

L'armée de la Loire a été vaincue.

L'armée de Paris a été outragée.

.·.

Mais revenons à ces héroïques soldats que leurs
généraux concentrent à Mayenne, exténués, noirs de

poudre et de boue, n'ayant eu pour réparer leurs forces souvent que du biscuit et quelques heures à peine de sommeil.

La résistance est-elle possible encore avec eux?

Non-seulement elle est possible, elle est un devoir.

Favre n'a-t-il pas dit? « Nous ne livrerons à l'ennemi ni un pouce de notre territoire ni une pierre de nos forteresses. »

Trochu n'a-t-il pas dit? « Le gouverneur de Paris ne capitulera pas. »

Ducrot n'a-t-il pas dit? « Mort ou victorieux. »

Et quoi! Paris est encore entier avec ses remparts, ses forteresses; Paris ne capitule pas, et c'est nous, aujourd'hui disciplinés, aguerris, prenant foi dans nos forces; nous qui voudrons, à notre tour et bientôt, la victoire; nous qui voyons, chaque jour, grossir nos rangs de nouvelles recrues et qui savons qu'après notre armée, il y aura une armée encore; c'est nous, soldats de la Loire, qui livrerions le territoire! Non, non, « morts ou victorieux! »

Espoir, confiance! Jusqu'ici Trochu peut-être n'a pu exécuter son plan, mais demain une lueur peut rougir le ciel de Paris, la lueur du combat; demain, un chant peut traverser les airs, le chant de la victoire.

En campagne, en campagne!

Les éclaireurs partent. Les voilà sur les avant-postes ennemis. Les escarmouches vont recommencer. Attention! commande un officier... Joue!... — ARMISTICE! répond un passant.

La foudre éclatant dans un ciel noir, mais sans signe d'orage, ne donne pas de saisissement plus violent.

Personne n'y croit.

Il faut bien cependant se rendre à l'évidence. C'est

Paris qui l'a demandé, Paris! Paris qui capitule! Paris qui cède l'Alsace et la Lorraine! Paris qui paie cinq milliards! Paris qui rend ses forts!

Le gouvernement de Paris!

.˙.

A nous tous de juger dans nos consciences, à présent, qui est coupable; qui a fait le plus pour faire recouvrer à la France son énergie et son audace, le sentiment du devoir et de la dignité; qui s'est inspiré le mieux du caractère national et de nos traditions; *qui a fait de véritables efforts; qui a eu de l'initiative; qui enfin a cherché à soulever le grand mouvement national, par lequel le prince de Joinville rêvait que la France rejetterait l'ennemi de son sein.* — Et qui, au contraire, a accumulé au fond des cœurs des colères et des haines; qui a licencié les armées sans autrement se soucier des services rendus ni des perturbations dans la reprise du travail; qui a jeté ainsi cent mille hommes de plus aux gémonies et aux abois; qui s'est vraiment substitué à la volonté nationale, et qui enfin doit assumer la responsabilité de la révolution du 18 mars?

S'en tenant à la province et aux hommes qui s'y sont illustrés, nul ne peut nier que si leur navire a sombré, c'est qu'il y a eu refus d'obéissance des faux républicains et fausses manœuvres des mauvais Français du bord; et que vous, Paris, qui ne deviez pas quitter leurs eaux, toujours prêt à leur apporter votre concours et votre appui, vous êtes demeuré loin, immobile sur vos ancres, sans daigner même accourir à leurs signaux et à leur canon de détresse.

C'était l'opinion de l'Allemagne hier.

C'est l'opinion de la France aujourd'hui.

Ce sera l'opinion du monde bientôt.

Quelle que soit celle que nous adoptions, respect à Gambetta, respect à Chanzy!

Ce sont les deux hommes de l'histoire et de l'avenir.

FIN.

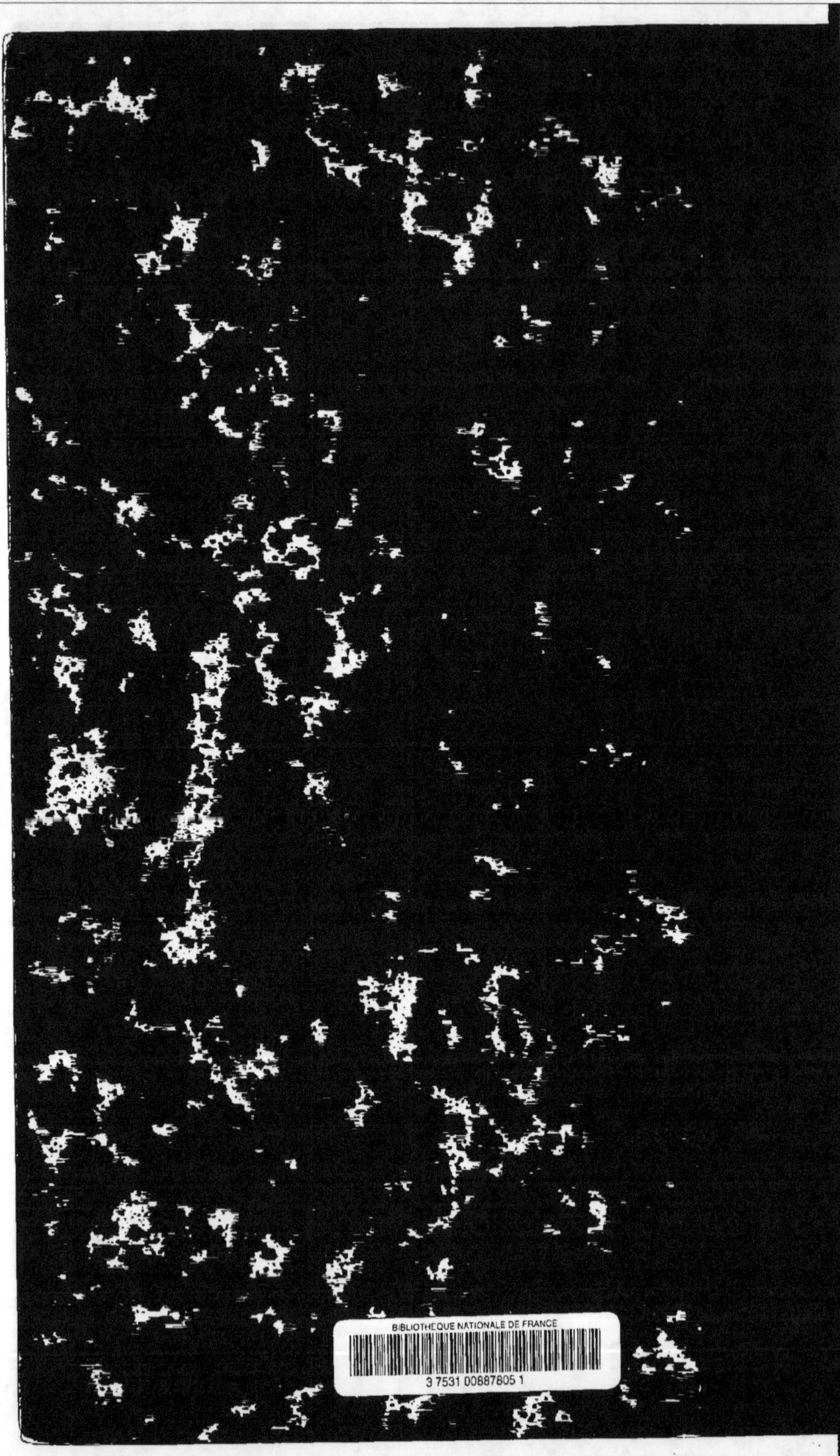